O SEGREDO DA
LONGEVIDADE

COLEÇÃO VIDA PLENA

- *A coragem de ser responsável: descubra se você é reativo ou proativo, omisso ou comprometido* – Carlos Afonso Schmitt
- *Amor e libertação: superando mágoas e invejas, ciúmes e traumas emocionais* – Carlos Afonso Schmitt
- *Forças para viver: palavras de ânimo para quem sofre na alma e no corpo* – Carlos Afonso Schmitt
- *O fascinante poder de suas crenças* – Carlos Afonso Schmitt
- *O gosto das pequenas vitórias: como vencer os medos que nos afligem diariamente* – Carlos Afonso Schmitt
- *O poder da palavra: os incríveis efeitos do pensamento e da fala sobre nossa vida* – Carlos Afonso Schmitt
- *O poder da superação: como recuperar a saúde e viver de bem com a vida* – Carlos Afonso Schmitt
- *O segredo da longevidade: sonhos e desafios para manter-se ativo e saudável em qualquer idade* – Carlos Afonso Schmitt
- *Um novo jeito de vencer a depressão: a cura possível através da terapia holística* – Carlos Afonso Schmitt
- *Viver sem pressa: o desafio de administrar sua ansiedade* – Carlos Afonso Schmitt

CARLOS AFONSO SCHMITT

O SEGREDO DA LONGEVIDADE

Sonhos e desafios para manter-se
ativo e saudável em qualquer idade

Paulinas

Dados Internacionais de Catalogação na Publicação (CIP)
(Câmara Brasileira do Livro, SP, Brasil)

Schmitt, Carlos Afonso
  O segredo da longevidade : sonhos e desafios para manter-se ativo e saudável em qualquer idade / Carlos Afonso Schmitt. – 1. ed. – São Paulo : Paulinas, 2009. – (Coleção vida plena)

ISBN 978-85-356-2440-3

1. Envelhecimento 2. Envelhecimento – Aspectos psicológicos 3. Gerontologia 4. Longevidade 5. Velhice 6. Velhos – Psicologia I. Título. II. Série.

09-02902   CDD-155.67

Índice para catálogo sistemático:
1. Envelhecimento : Aspectos psicológicos 155.67

4ª edição – 2013
3ª reimpressão – 2024

Direção-geral:
Flávia Reginatto

Editora responsável:
Luzia M. de Oliveira Sena

Assistente de edição:
Andréia Schweitzer

Copidesque:
Simone Rezende

Coordenação de revisão:
Marina Mendonça

Revisão:
Jaci Dantas e Sandra Sinzato

Direção de arte:
Irma Cipriani

Gerente de produção:
Felício Calegaro Neto

Projeto gráfico de capa e miolo:
Telma Custódio

Nenhuma parte desta obra poderá ser reproduzida ou transmitida por qualquer forma e/ou quaisquer meios (eletrônico ou mecânico, incluindo fotocópia e gravação) ou arquivada em qualquer sistema ou banco de dados sem permissão escrita da Editora. Direitos reservados.

Cadastre-se e receba nossas informações
paulinas.com.br
Telemarketing e SAC: 0800-7010081

Paulinas
Rua Dona Inácia Uchoa, 62
04110-020 – São Paulo – SP (Brasil)
📞 (11) 2125-3500
✉ editora@paulinas.com.br
© Pia Sociedade Filhas de São Paulo – São Paulo, 2009

Introdução

No mundo inteiro existem hoje movimentos que agrupam pessoas da chamada "terceira idade".

No Brasil proliferam as organizações, tanto nas capitais e nos grandes centros como no interior, fazendo com que milhões de aposentados e pensionistas recobrem o ânimo e desejem viver intensamente o que a vida ainda lhes oferece.

Surge, então, entre outras, uma pergunta que inquieta os líderes desses movimentos: "É tudo festa?"...

E as responsabilidades sociais – reuniões do sindicato, compromissos religiosos com a comunidade, entidades filantrópicas? Podemos dispensar-nos de tudo ou ainda é preciso participar?

Não basta conhecer os *direitos* que o Estatuto do Idoso assegura à terceira idade. Os *deveres* também precisam ser mantidos. Aposentar-se permanecendo ativo, útil à família e à sociedade, com espírito aberto às múltiplas exigências dos dias de hoje, positivo e dinâmico: este é o perfil do homem e da mulher da terceira idade que o mundo necessita.

Tenha você a idade que for, lembre-se que tem gente "aposentando-se" de seus sonhos e ideais muito antes do tempo. A aposentadoria não pode "aposentar" você. A velhice, para muitos, não é idade avançada, é desistência da vida. Além de perigoso, isso é muito triste.

É hora de acordar!

A multidão dos inativos aumenta dia a dia e é preciso uma nova consciência frente à realidade.

Manter o *espírito jovem*, os *sonhos em alta*, o *corpo em forma*: eis o desafio que se propõe.

A "terceira" pode ser a *melhor idade*. Aquela que, depois de tantos anos de trabalho, você agora merece curtir, com maturidade.

1. Terceira idade: quando, afinal, inicia?

A criatividade popular elaborou uma lista de nomes para designar a época da vida que – cronologicamente falando – se inicia aos 60 anos.

Falar em "terceira idade" ou "terceira juventude" ou ainda "melhor idade" é falar de sinônimos criados para se referir a esse período da vida adulta, a essa idade em que a experiência se une aos anos vividos e se transforma em fonte de sabedoria.

A maioria absoluta de pessoas que compõem essa faixa etária são aposentadas e, como tal, mais do que nunca necessitadas de ocupação sadia e projetos de vida que canalizem suas energias em direção a um futuro harmonioso e feliz.

Em todo o Brasil, de Norte a Sul, surgem diariamente novos grupos, organizando-se em movimentos, associações e entidades, tanto nos grandes centros como em pequenas cidades do interior, visando aproveitar, de forma intensa e profunda, esses anos maravilhosos que Deus ainda lhes concede viver.

Dizer que é aos 60 ou aos 65 anos que se inicia essa fase da vida é muito relativo. Se alguém quisesse confundir a terceira idade com "velhice", não precisaria ir tão longe assim. Como terapeuta, sei muito bem como é triste ver jovens que envelhecem precocemente. Como é lamentável ver homens e mulheres de meia-idade pensando, falando e agindo como velhos! Vítimas das circunstâncias e da falta de perspectiva, transformando-se em pessoas pessimistas e derrotadas. Estes sim são "velhos"!

Os verdadeiros integrantes da terceira idade são *jovens de espírito*. Carregam, no coração, a juventude da alma: esta que jamais envelhece. Pode o rosto estar enrugado e os cabelos esbranquiçados: se a alma não tem rugas, o coração continua jovem.

É para vocês, amigas e amigos, companheiros desta bela idade em que eu também estou inserido, que me dirijo neste livro. Sou da "Classe de 41" – assim falava meu pai, para referir-se à sua idade – e, como tal, trago na alma a *experiência* dos anos, as *lições* dos fracassos e sucessos vividos e – queira Deus! – um pouco da *sabedoria* que eles carregam em seu bojo.

Quero compartilhar com vocês meus sonhos, minhas esperanças e minhas alegrias. Quero dividir com vocês meus projetos de vida, meus desafios e minhas conquistas.

Espero que nos tornemos bons amigos nesta jornada que ora empreendemos. Prometo ser honesto com todos.

Falarei apenas o que o coração pedir que eu fale.

Falarei apenas o que *eu próprio* acredito ser verdade e, portanto, desejo viver.

2. Envelhecer ou "idolescer"?

Tornar-se "velho" soa pejorativo. Transforma-se facilmente em estorvo, cujo destino pode ser a reclusão em algum asilo.

Ninguém deveria *tornar-se velho*. Bem diferente é *ser idoso*, ter idade avançada, maturidade, mas espírito jovem, aberto às mudanças de um mundo em constante transformação. "Idolescer" deveria ser o verbo que define essa nova visão da vida.

Uma pessoa idosa é resultado de longos anos de experiência, de aprendizados difíceis mas bem-sucedidos, de vivências familiares e sociais profundas, de esforços constantes na busca de um aperfeiçoamento psicológico e espiritual cada vez mais equilibrado.

Penso que há muito mais velhos que idosos. Analise comigo, leitor, e tire suas próprias conclusões. E se você já pertence a essa gloriosa falange de heróis anônimos – pessoas idosas que devem ser o orgulho e o patrimônio de qualquer nação –, descubra-se e identifique-se nas descrições abaixo.

Você é *velho* quando:

- ☹ reclama de tudo e a vida lhe parece muito difícil;
- ☹ apenas "dorme", apagado para a vida, como quem vegeta e espera a morte;
- ☹ para de exercitar-se, caminhar, dançar, ir a festas;
- ☹ vive com saudades do passado, relembrando os "bons tempos que não voltam mais", insatisfeito com a modernidade do mundo;
- ☹ não aprende mais e diz-se incapaz e sem vontade de conhecer as novidades, de abrir-se para o desconhecido;

- ☹ sua falta de ânimo deteriora seu espírito e a energia de seu corpo se esvai;

- ☹ se apega ao Estatuto do Idoso, defendendo ferrenhamente seus direitos, esquecendo-se que também tem deveres;

- ☹ almeja o fim, que tarda a chegar;

- ☹ se arrasta pela vida e nada mais espera dela;

- ☹ seu rosto é enrugado e transparece amargura;

- ☹ seu coração se mostra cansado, mesmo que os anos ainda não pesem tanto;

- ☹ não ama nem se sente amado, julgando-se pouco atraente ou indigno de apreço.

Você é *idoso* quando:

- ☺ aceita, com jovialidade, os desafios e as contradições do dia-a-dia;

- ☺ tem sonhos, metas e objetivos a alcançar, planos e viagens a realizar;

- ☺ faz suas caminhadas diárias e ocupa-se em trabalhos que lhe dão prazer;

- ☺ curte a vida e tudo o que de bom ela pode lhe proporcionar;

- ☺ a curiosidade mora em sua mente e acolhe com entusiasmo as novidades que a tecnologia coloca ao seu alcance;

- ☺ o espírito, a mente e o corpo diariamente se renovam, sabendo que *viver* vale a pena;

- ☺ conhece e aprecia os direitos que a lei lhe outorgou, sem os transformar em bandeira de reivindicações vãs;

- ☺ recomeça a cada manhã, como se vivesse o primeiro dia do resto de sua vida;

- ☺ vive da esperança e seus olhos estão no horizonte do amanhã;

- ☺ as rugas de seu rosto enfeitam suas faces;
- ☺ seu espírito se mostra jovem, mesmo que o corpo esteja meio enfraquecido;
- ☺ tem muito amor para dar e receber;
- ☺ adora viver.

Ou seja:

- Velho é descrença, é quem desistiu de ser feliz.
- Idoso é esperança, é quem busca a felicidade, mesmo em meio aos sofrimentos.

E você, quem é?

*A idade é o resultado da experiência,
dos aprendizados, das vivências e de muito esforço
na busca de um aperfeiçoamento
psicológico e espiritual equilibrado.*

3. Juventude de espírito: eis o segredo!

O corpo responde aos impulsos do espírito. Molda-se aos seus pensamentos predominantes e reage aos sentimentos e às emoções de forma rápida e profunda. Você pode, literalmente, envelhecer antes do tempo, ou manter seus músculos em forma e suas células renovadas.

– De que forma você *vê* a vida: declinando? Tudo indo para o fim? Cada dia um pouco mais velho? Sentindo-se inútil, mais um dos milhares de aposentados que não têm o que fazer? Ou tem muitos afazeres e atividades a realizar?

– Como *percebe* seus dias passando: como nuvens carregadas, sombrias, prestes a desencadear tormentas, nervoso e irritadiço? Ou há dias de sol radiante em meio ao mau tempo?

O número de anos vivido por uma pessoa constitui sua sabedoria e maturidade. Aceite-se tranquilamente como idoso, lembrando que os *limites* é você que estabelece. Seja feliz em ser quem é e ter a idade que tem.

Sua *idade cronológica* – aquela que consta em sua carteira de identidade – representa sua entrada oficial na sociedade humana. É a primeira das três idades que podemos ter. É a sua idade *real* quanto ao tempo. Mas, na verdade, você já estava aqui há mais tempo, ou não contam os nove meses que viveu no útero de sua mãe? Ora, como contam!

A *idade mental* é a mais decisiva e influente. É a idade *espiritual*, aquela que predomina e se impõe em todas as áreas da vida. Você é "jovem-em-corpo-de-idoso" enquanto crê nas inúmeras possibilidades que os anos ainda lhe oferecem. É jovem na medida de seus sonhos e projetos, confiante em sua capacidade de concretizar seus objetivos.

Estes são os segredos da longevidade:

☺ um estado de espírito aberto, ativo, dinâmico e saudável, feliz e sonhador;

☺ a capacidade de amar e ser amado, mantendo-se receptivo a tudo que há de bom, bonito e grandioso.

Um espírito jovem tem força e poder altamente transformadores. É ele o grande responsável pela saúde geral de seu corpo.

É dele – do estado de espírito – que depende a *idade biológica*, aquela que comprova o grau de conservação e energia em que estão os órgãos de seu corpo.

Seu estômago funciona bem e seus intestinos são perfeitos? Seu corpo trabalha em rítmica harmonia e seus nervos são saudáveis? Quando tudo está em ótimo estado, seu relógio biológico mantém-se em total sincronia com as exigências que a sua saúde requer.

Você cria sua idade biológica, retardando a velhice ou deteriorando seu corpo, de acordo com a idade mental que anima seu espírito. Veja-se, sinta-se e mentalize-se diariamente com a idade que gostaria de ter. Afirme-a com muita convicção e você terá mais saúde, mais disposição e um corpo mais jovem, por muitos e muitos anos.

Crie a idade que mais lhe convém.

A vida não envelhece. Experimente e saberá.

Boa juventude de espírito!

4. Os sonhos precisam continuar

O grande mal de muitos aposentados "velhos" é sentir-se inútil, sem planos para o futuro, vivendo a mesmice insossa de cada dia, entediados de tanto "fazer nada". Salvo exceções – aqueles que aprenderam a curtir a vida e são felizes por terem chegado onde estão – a maioria não sabe o que fazer, como ocupar o tempo e torná-lo produtivo.

Um amigo meu – uma pessoa de bem com a vida – ria ao contar-me a surpresa de alguém ao ouvir sua resposta à pergunta de por que levantava tão cedo, já que era aposentado e não tinha horários a cumprir: "Levanto às 5h para ter mais tempo para viver! É muito bom descobrir como se faz para não fazer nada... Apenas *viver*. É ótimo curtir a vida!". "Eu dormiria até às 9h, se fosse você", dizia-lhe o amigo. "Deixe-me chegar lá! Vou curtir a cama o mais que puder..."

Desconfio que esse "amigo do meu amigo" vai ser velho em pouco tempo. Os idosos têm sonhos e acordam cedo, pois há muito a fazer quando se quer viver. Os pássaros também acordam cedo, cantam e se alegram, enfeitando a natureza. Os primeiros raios do sol são os mais bonitos, festivos e brilhantes. E eles sabem disso.

– Quais são os seus *planos* para o ano em curso, amiga leitora, amigo leitor?

– Quais suas *metas* a curto, médio e longo prazos?

– Que *objetivos* pretende alcançar?

Há sempre um jardim a cuidar, uma horta a organizar, uma reforma a fazer, uma melhoria a engenhar...

Há sempre um projeto a elaborar, um sonho a realizar, um trabalho familiar ou comunitário a ser concluído...

Você não dirige mais? Renove sua carteira de habilitação e ponha-se na estrada! Até quando sua idade e o bom senso o permitirem – o exame de habilitação é para verificar isso – dirija seu carro e conduza sua vida!

Vá atrás de seus compromissos!

Você diz que o tempo não passa, que é enfadonho não ter ocupação. Cadê seus sonhos de vida que impulsionaram você?

Vá em busca de seus sonhos!

5. Administrando o tempo

O *tédio* é um dos grandes inimigos que muitos aposentados enfrentam. Por não saber o que fazer, o tempo torna-se um peso, em vez de ser um convite para viver mais.

Manter-se ocupado é fundamental para ter saúde. E aqui vale a criatividade de cada um, tendo em vista a realidade concreta em que se vive.

Na *área rural*, não ocupa seu tempo quem não quer. Há sempre o que fazer e muito mais ainda para engenhar. Ocupações se criam. O interesse e a boa vontade são o termômetro que mede o grau de eficiência e os resultados obtidos. Não pense no que ou em quanto você colhe em sua horta ou no número de galinhas poedeiras que estão na "ativa". Reflita sobre o quanto o fato de mexer com a terra, em contato direto com a natureza, significa em termos de saúde, satisfação e bem-estar.

Nas *cidades*, há sempre um pequeno terreno baldio, uma área disponível para cultivar temperos, verduras e legumes, ou mesmo um cantinho da casa para ser enfeitado com um jardim ou uma área de lazer. Não deixe o mato tomar conta do terreno: mantenha os arredores de sua casa limpos e bonitos. Em vez de dizer que não tem nada para fazer e queixar-se da falta de ocupação, pesquise as entidades filantrópicas que precisam de voluntários. Não fique sentado em casa, reclamando do tempo que não passa. Sente-se velho demais para ajudar? Pois eu vi uma "jovem" de 95 anos cuidando de "velhos" de 80 anos, disposta e feliz em poder ajudar.

Em *grandes centros*, principalmente para quem mora em apartamento, a situação é diferente. No entanto, sua criatividade é tão pouca que você realmente não encontra nada com que se ocupar?

E a caminhada diária, que seu coração está pedindo? E a leitura de bons livros? E a academia, os amigos a visitar, o voluntariado, a pastoral de sua Igreja?

Há sempre o que fazer!

Evite ser um mero espectador inconsciente de todas as novelas e programas que a TV lhe oferece. Tanto faz se você é homem ou mulher: tudo o que aqui se reflete vale para ambos. Ou você acha que não há mulheres que desleixam de si e da casa para ficar horas a fio ligadas à televisão? E os que se "atualizaram", navegando pela internet até alta madrugada, como estarão descansados no dia seguinte?

Distrair-se é importante. Navegar é divertido. O segredo está nos limites que você se impõe. Seu bom senso lhe dirá o que mais lhe convém. Deixe sua intuição guiar você.

Reveja seu tempo. Inteligente é quem o usa bem.

Faça suas escolhas.

6. Encontros que nos renovam

O isolamento, puro e simples, sem motivos que conduzam à reflexão, à autoanálise ou à meditação, é prejudicial ao ser humano. Somos *seres sociais*, que necessitam de convivência, comunhão, partilha de vida.

Falar com alguém, escutar suas ideias, sentir sua presença amiga, alegrar-se por estar juntos, cantar, rir, dançar, apoiar-se mutuamente, festejar a vida: eis a importância e o significado dos "grupos de terceira idade".

É muito bom reunir-se e *rever os amigos*, abraçar, conversar muito, simplesmente "jogar conversa fora". Desestressar-se ouvindo a bandinha tocar. Dançar e alegrar-se porque é bom estar vivo. A vida – por uns instantes – é apenas festa.

Reunir-se para *planejar*, organizar seu grupo como entidade social, como associação ou movimento aberto para a comunidade, sem o perigo de enclausurar-se, fechando-se em meros interesses pessoais e egoístas.

Reunir-se para *estudar*, evoluir e aperfeiçoar-se como seres espirituais que somos, limitados porém pelas amarras humanas que nos prendem à terra. Aprisionados pelo ego, vaidoso e consumista, que atrapalha nossa evolução espiritual.

Participar de palestras, *instruir-se* a respeito dos direitos, mas também dos deveres de quem vive nessa "melhor idade". Marcar presença em reuniões do sindicato, da comunidade, e não apenas em viagens turísticas ou bailes de fim de semana.

Cultivar amizades profundas, que se tornem um motivo a mais para viver feliz e ter saúde mental, capazes de afastar o tédio, a tristeza ou qualquer sentimento de frustração ou inutilidade que costumam assediar pessoas com idade avançada.

Renovar-se constantemente, na mente, no corpo e no espírito, participando de missas ou cultos, de acordo com seu credo.

Diga "sim" à vida, e tudo valerá a pena.

Com muitos amigos, melhor ainda!

7. Autoestima: vivendo de cabeça erguida

Constato frequentemente, em minhas andanças Brasil afora, que muitas pessoas da terceira idade não têm a autoestima forte e positiva que deveriam ter. Vivem sem expressão alguma, sem se fazer notar em meio à sociedade que, muitas vezes, ajudaram a construir.

Como se pedissem licença para viver, essas pessoas sentem-se "um peso", "um estorvo" para os filhos e amigos. Caminham pela vida de cabeça baixa, quando mereciam olhar o mundo de fronte erguida, afinal trabalharam a vida inteira e nada mais justo agora curtirem os dias que Deus ainda lhes oferece em sua idade avançada.

Gostar de si implica em ter tempo para ocupar-se consigo, com suas necessidades pessoais de homem ou mulher, com saúde integral, com a aparência física e um visual mais adequados à sua idade.

– Por que não "produzir-se" com cuidado, vestindo roupas alegres, que minimizem um pouco seus traços cansados, sentindo-se, assim, de bem com a vida?

– Por que não caprichar em seu estado de espírito, mantendo-o leve e acolhedor, com um sorriso espontâneo em seu rosto, sabendo que os outros retribuirão a alegria recebida?

Vejam-se – homens e mulheres desse imenso contingente de milhões de idosos. Vejam-se com bons olhos, com orgulho de suas rugas e mãos calejadas, mãos que construíram grande parte desta Pátria! Sua imagem engrandece esta nação, dignifica seus filhos e incentiva as futuras gerações a labutarem como vocês.

Olhem para si mesmos com a satisfação do dever cumprido.

Mantenham a cabeça erguida, mesmo que o corpo enfraquecido esteja vergando sob o peso dos anos.

Sintam-se úteis, necessários e importantes: a vida os fez heróis anônimos.

Pena que tantos filhos não o saibam e nem sempre a Pátria o reconheça.

Vocês merecem! Sintam-se felizes!

8. Bom humor e esportividade

Um dos segredos de viver bem e relacionar-se harmoniosamente com os outros é manter-se bem-humorado, sabendo administrar contratempos e incertezas com paz e espírito de esportividade.

"Velho", muitas vezes, tem fama de chato, ranzinza ou birrento, quando não de "estraga-prazeres", principalmente em relação às gerações mais novas que com ele convivem. São netos e bisnetos com os quais é difícil se entender quanto às exigências e manias modernas.

É claro que os netos entendem "mil vezes mais" de máquina digital, celular, computador, internet e outras tantas parafernálias eletrônicas que o vovô ou a vovó, mesmo quando procuram atualizar-se, não conseguem manejar. São eles – crianças e adolescentes – que então perdem a paciência com os idosos por não "entenderem nada" de informática ou mundo virtual.

O que para uns é diversão, para os outros é quebra-cabeça.

Paciência e compreensão, amor e benevolência para aturar os "pestinhas cibernéticos" que tripudiam sobre a falta de conhecimento dos pais ou avós: eis mais alguns ingredientes do bolo da boa convivência.

Tem gente pessimista, lamurienta e mal-humorada em todas as faixas etárias. Pior quando isso acontece aos da terceira idade. Pior porque a indisposição, a cara amarrada e o semblante carregado são nocivos à saúde, numa idade em que ela, por natureza, já é mais frágil.

– Verifique como anda seu estômago: dói, estufa, queima, incomoda? Se sente qualquer desses sintomas, é bom prestar atenção à alimentação ou procurar um médico.

– E seus intestinos? Eles funcionam todos os dias, pelo menos uma vez? Cuide disso! É preciso que funcionem diariamente, caso contrário a falta de serotonina, que em grande escala eles produzem, deixará você de mau humor e com traços depressivos.

– E o sono? Você dorme bem e o suficiente? Dormir é fundamental para o bem-estar do seu dia. Logo adiante falaremos mais sobre o assunto, de tão importante que ele é.

Acorde de bem com a vida!

Não leve tudo a sério demais.

Inicie seu dia bem-humorado e ele será bonito: para você e para os seus.

Manter-se ocupado é fundamental para ter saúde.
Há sempre o que fazer:
procure uma ocupação e reveja seu tempo livre.
Inteligente é quem o usa bem.

9. Saúde, lazer e paz de espírito

Nada que se faça visando a uma saúde melhor e mais estável é supérfluo. Um espírito ligado a Deus, uma mente serena e aberta, um corpo bem cuidado e saudável: este é o perfil de uma pessoa madura, feliz, realizada e dinâmica.

Momentos de lazer, viagens turísticas, festas e bailes para divertir-se e dançar, passeios e pescarias, descanso em pousadas de ecoterapia, estâncias de águas termais, hotéis-fazenda, rios ou barragens, contato com a natureza: eis algumas sugestões extremamente válidas para viver bem em todas as idades.

Descubra onde se encontram e participe de grupos de boliche ou bolão, carteado e bocha, de acordo com os costumes de cada etnia ou região.

A roda de chimarrão, no Sul, aquece ainda mais a amizade e estreita os laços de quem se quer bem. Um chá, um cafezinho, uma cuca, uns biscoitos... e a "festa" está pronta.

Com muito pouco alegram-se as pessoas que vivem felizes; mesmo com abundância, os insatisfeitos continuam infelizes.

- Cultive a paz de espírito!

- Permita-se apreciar a serenidade como um caminho de luz e bem-estar para a alma: seu corpo, rejuvenescido, agradece.

- Aprenda a manter um silêncio interior, precioso e divino.

- Medite na grandeza da vida sobre o quanto é bom e agradável participar da família de Deus, seja você quem for e esteja onde estiver. Os elos da mesma energia nos unem e somos filhos do mesmo barro vivificado e da mesma vida imortal – filhos de Deus.

Você é muito mais do que imagina. Há muita beleza escondida em seu coração e muito mistério em seus olhos. Para onde eles olham?

– Fitam o infinito em cada horizonte?

– Contemplam as belezas eternas em cada esplendor de sol que se põe?

Alegre-se!

Viva saudável!

Afinal, você não é nada menos do que filho de Deus...

Lembre-se disso!

10. Corpo cansado, mente leve

É assim que você percebe seu corpo e sua mente após praticar exercícios físicos. Claro, a intensidade dos exercícios depende de sua idade, da resistência de seu coração e de seu estado geral de saúde. Siga sempre as orientações do seu médico.

Seu corpo cansou: você fez uma ótima caminhada, correu um pouco, praticou seu esporte preferido, suou bastante, cuidou previamente dos necessários alongamentos e repetiu-os ao final, fez hora na academia... E agora, de banho tomado, uma onda de bem-estar perpassa seu corpo. São as *endorfinas* que o cérebro libera e que lhe dão a sensação agradável e de conforto que ora sente. É um jeito que Deus inventou para recompensar seus esforços em prol da saúde. Uma vez criado o hábito, você não conseguirá ficar sem se exercitar. É como um vício, mas um vício bom...

A mente está leve: uma gostosa paz de espírito invade você. É influência do corpo, reflexo benéfico das endorfinas que invadiram sua corrente sanguínea. É um cansaço diferente, bom para o corpo e para a alma. Depois, o *apetite* retorna ou aumenta, e o *sono*, à noite, é mais profundo e reparador.

São recompensas da natureza para quem cuida do corpo. É a mão de Deus que se faz presente, orquestrando todos os pormenores a seu favor.

Endorfinas são o melhor antidepressivo que existe, produzidas pelo próprio cérebro em resposta ao hábito saudável de exercitar-se.

Viver assim é bem mais gostoso.

O sabor da vida – *vida plena* – percorre suas veias e faz seu espírito exultar.

A saúde agradece.

Quem lucra é você.

11. Doenças: desafios a serem superados

Parabéns a você que toma, carinhosamente, cuidados especiais com sua saúde, o que é fundamental para viver feliz.

Apesar disso, há sempre alguma doença espreitando para instalar-se. E, às vezes, somos pegos de surpresa por um hóspede indesejado. Ficando poucos dias, tudo bem... O ruim é quando resolve ficar alguns meses ou, pior, ameaça permanecer conosco vários anos ou a vida inteira.

A *pressão alta* é um desses "intrusos" que muito bem poderiam passar ao largo. Ela diz não ter culpa de ter vindo: foi sua ansiedade, seu estresse, suas excessivas preocupações, seu colesterol alto, seus medos ou a depressão... Enfim, foram muitos os inquilinos que a chamaram. E ela vem silenciosa, traiçoeira. Não avisa, não alardeia, não dói. Mas, é perigosa, muito perigosa! É o primeiro passo para um infarto ou derrame cerebral, que pode ser o último...

Outro visitante, pouco bem-vindo, que há tempos talvez venha se instalando em nossa casa é o *diabetes*. Um dia o cansaço toma conta, a sede aumenta desproporcionalmente, o urinar se torna frequente e excessivo, feridas custam a cicatrizar, há perda de peso... Os sintomas do diabetes vão aparecendo e é preciso tomar providências urgentemente. São desafios que precisam ser superados e você deve enfrentá-los de cabeça erguida. O medo apenas piora seu quadro. Fé e coragem traduzem-se em confiança e certeza de cura.

E quando o *coração* começa a falhar? Com ele, cuidados diários são recomendados. Previna-se com bons exames médicos, exercite-se e viva o mais sereno possível. É de paz e amor que seu coração precisa. Ele retribuirá feliz.

Aos *homens*, um lembrete muito especial: fiquem atentos a sua próstata. Realizem exames periódicos com dosagem de PSA (*Antígeno Prostático Específico*, proteína secretada pela próstata cujo aumento pode indicar a presença de tumores) e toque retal para afastar de você o fantasma do *câncer de próstata*, um dos vilões que mais matam os descuidados.

Às *mulheres* vale também um lembrete carinhoso: façam frequentemente o autoexame dos seios e os exames clínicos anuais recomendados por seu médico. Ao notar qualquer alteração, procurem especialistas. Essa é a melhor prevenção contra o *câncer de mama*, que também é silencioso e traiçoeiro e pode ser fatal.

Para ambos, a cura sempre é possível, principalmente quando a doença é detectada em seu estágio inicial e a pessoa mantém o otimismo.

Faça sua parte e Deus fará o restante.

Cuide-se!

Ter saúde é um desafio que vale a pena vencer!

12. Amor e sexo na terceira idade

Com o passar dos anos, e a convivência um tanto monótona na qual muitos casais envelhecem, *amor* e *sexo* tornam-se um assunto de pouca importância.

Na verdade, ele é altamente relevante, para os aspectos físico e psíquico da saúde do homem e da mulher.

Amar não tem idade. Você pode amar alguém a vida inteira, mesmo que viva uma centena de anos. Afinal, o espírito não envelhece. É ele a fonte do amor. Não são meras reações químicas em seu cérebro que fazem você amar.

A "química" é extremamente importante para que a relação sexual seja mais efusiva e atraente, para que os orgasmos a que vocês têm direito aconteçam. Mas, ainda que ela se extinga, o amor pode permanecer aceso. É dele que vai depender a beleza do encontro sexual, quando os corações se amam muito mais que os corpos.

Celebre o ritual do amor! Por que não vivê-lo como se fosse um momento mágico em que duas almas se fundem, tendo o corpo como instrumento prazeroso dessa união?

Em meu trabalho terapêutico, muitas vezes ouço pessoas – principalmente mulheres – dizerem ser desnecessária a relação sexual após certa idade. Isso é verdade apenas em parte. Se o sexo fosse a única medida do amor – quando existe amor – seria desnecessário dizer que isso é insuficiente. Sexo por sexo pode ser dispensado. Se, no entanto, é amor que os leva a procurar a pessoa com quem há tantos anos convivem, o sexo adquire novo sentido e valor.

- *Sexo*: o bom senso dirá até quando.
- *Amor*: a vida inteira.

Vocês sabem, como casal, que não é meramente a penetração que proporciona prazer. Carícias, abraços, beijos, carinho, atenção... tudo que envolva demonstração de apreço, afeto e ternura pelo outro... *tudo* é válido e importante para manter acesa a chama do amor.

Uma palavra especial para os homens: se a idade ou motivos de saúde contribuem para que você sofra de disfunção erétil – dificuldade ou falta de ereção – deixe seu orgulho machista de lado e procure um urologista. Esses casos normalmente têm solução. Nada de desespero! Você continua "homem" como sempre foi. Cuide-se!

Para as mulheres: é natural a queda da libido em momentos de estresse ou em algumas fases da vida em que ocorrem desequilíbrios hormonais, tais como a menopausa. No entanto, se isso se torna um problema crônico, é importante investigar as causas – se são físicas ou emocionais – e procurar tratamento. Com orientação médica, é possível reencontrar o equilíbrio e a feminilidade.

Amem-se, pois, e muito!

O amor rejuvenesce.

Reconstruam seu casamento, se necessário. Reconstruam sua vida, se for o caso. Mas não vivam sem amor.

Cativem-se diariamente, seduzindo e surpreendendo-se ternamente.

É triste demais não se sentir amado. É triste demais não ter alguém para amar.

Deus é a fonte do amor, o próprio amor: abasteçam-se nele e vivam felizes, amando.

13. A síndrome do ninho vazio

De repente bate uma estranha tristeza e um vazio aperta seu peito. Você fica ansioso e o coração dispara. Sem saber o porquê desse estado de espírito, você fica intrigado e questiona-se a respeito disso tudo.

Nada de especial aconteceu. Você não lembra, conscientemente, de ter tido pensamentos negativos, nem medo nem ansiedade.

Mas, ao entrar em casa, um turbilhão de sentimentos disparam. Agora você entende: a casa está muito vazia. Como um ninho do qual as pombas revoaram, assim está o seu lar.

Seu último filho casou, a filha mais nova está na faculdade e, tal como um dia começou, o ninho está vazio.

Inconscientemente, isso desperta uma sensação de mal-estar, um desgosto que não tem nome, uma tristeza em forma de saudade, uma certa frustração de ter criado tantos filhos e, agora, todos terem alçado voo.

A chamada "síndrome do ninho vazio" precisa ser detectada em tempo e cuidadosamente tratada para não virar doença. Facilmente transforma-se em falta de apetite, insônia, gastrite nervosa, mau humor ou até mesmo depressão.

Nosso ego cria apegos e os filhos são um deles. Como não sentir falta do som da sua voz, de sua presença, de arrumar seu quarto, lavar e passar sua roupa? Como não se sentir mais útil com os filhos por perto?

A presença deles enchia a casa de vida, com risadas e até eventuais discussões. Melhor assim do que não os ter mais aqui...

As camas arrumadas estão vazias. Na mesa de refeições, sobram lugares. Na casa, que de repente ficou espaçosa demais, apenas os dois: pai e mãe. Como no início.

É hora de recomeçar!

Será bem mais fácil se o casal estiver bem, viver em harmonia e feliz um com o outro. O amor recíproco irá preencher o vazio da ausência.

Os filhos sempre voltarão. Vez por outra a família se reúne e todos confraternizam. Então já serão mais. Virão o genro, a nora, os netos e os bisnetos e todos de novo partirão. É a vida...

Tudo é passagem. Nada será como sempre foi. Tudo se renova.

Os filhos vão e nós ficamos, amigos da terceira idade!

Ficamos como nos bons tempos, quando tudo começou.

Quando éramos felizes... E como podemos voltar a ser!

Redescubra os prazeres de viver a dois, fazendo planos e aproveitando a tranquilidade do lar.

14. Crises matrimoniais ou separação

Ao longo dos muitos anos em que os casais estão juntos, crises matrimoniais devem ser vistas como algo normal. É muito difícil – quase impossível – encontrar casais que não tenham algum conflito a resolver, um ou outro ajuste a fazer, alguma diferença a solucionar para que possam evoluir em seu amor.

Pequenas desavenças, vez por outra, levam a grandes desgostos, gerando mágoas e revoltas por parte do cônjuge que mais se sentiu atingido. É nesse momento que a maturidade de ambos se faz necessária.

Se é humano magoar-se, é urgente que o amor dos dois fale mais alto e o perdão exerça sua função reparadora. Casal que não supera pequenos contratempos dificilmente superará algum problema pior que possa um dia acontecer.

Já nem falo em traição – de todos, ao meu ver, o maior empecilho para a felicidade de um casal. Falo de *ciúmes*, de *inseguranças*... De *medos* que atrapalham a alegria da convivência:

- medo de ser relegado, de deixar de ser importante ou atraente para o outro, de perder seu amor...

- medo que vira neurose, que se transforma em paranoia, quando se desconfia de tudo e de todos, como se a cada momento e em qualquer lugar alguém estivesse pronto para prejudicar seu casamento.

Instala-se, assim, uma total desconfiança, uma permanente inquietude no coração de quem sofre desse mal. A vida do casal vira um inferno. Não tem amor que resista: ciúme doentio mata.

Quando o amor se desgasta e se deteriora ao longo dos anos, por falta de cuidados e renovação diária, discussões, brigas e até agressões mútuas compõem, então, o triste quadro de certos casamentos.

Infelizmente, o ser humano é frágil e pobre em suas promessas de amor. Muitas vezes ele gostaria de ser diferente, melhor e mais compreensivo, mas a fraqueza de caráter põe tudo a perder. Surge, então a *ameaça de separação* – para intimidar o mais fraco ou compensar a "honra" de quem se diz ofendido, mesmo sendo culpado.

A relação se enfraquece tanto e o amor se esvai tão rápido, que a separação e o consequente divórcio parece ser a única solução que alguns casais encontram para minimizar sua dor ou aliviar suas raivas.

A morte do amor foi decretada: sobraram apenas os escombros de um sonho que desmoronou. Poderia ter sido muito diferente: bastava o cultivo diário e mais cuidadoso do amor, uma permanente e carinhosa atenção de um pelo outro, e nada disso teria acontecido.

Antes de chegar a esse extremo, quem sabe uma boa terapia de casais possa devolver aos dois a beleza de um amor que em tempos idos foi tão bonito?

Parem, pensem e reflitam, casais amigos!

Refaçam seu amor enquanto é tempo e seu casamento continuará precioso.

Juntos, vocês construíram uma vida, juntos poderão levá-la adiante.

Que Deus os ilumine!

15. E quando a pessoa amada parte?

A morte do companheiro ou da companheira é, sem dúvida, o grande drama de um casal feliz. Se o coração pudesse impedir, se um milagre fosse possível, se a mão de Deus se manifestasse para alterar o curso dos fatos... Tudo seria bem-vindo num momento assim!

A dor de ver partir para sempre quem se ama é profunda e sufocante. É como se faltasse o próprio ar para respirar. Como se uma parte de si próprio tivesse partido.

A *esposa* e mãe – mesmo que os filhos sejam grandes, casados e autônomos – sempre faz falta. Lar, que seja de fato um lar, ressente-se de sua falta. Ela é o parâmetro, a coluna mestra, o ponto de equilíbrio de que os filhos e o marido necessitam. Quando adoece, compromete a estabilidade da casa. Quando morre, é como se tudo tivesse desmoronado.

Às vezes é o *marido* e pai quem parte, mas a dor é a mesma. Tanto a esposa como os filhos entram em desespero e sofrem com sua ausência. Se o papel de provedor era integralmente por ele assumido, pior ainda. Os que ficam precisam reestruturar-se com urgência, antes que seja tarde, tanto em termos emocionais quanto financeiros. Como faz falta o pai, marido, companheiro e sustentáculo material do lar! Tristeza, insegurança, frustração e medo se apoderam dos que ficam.

Força e coragem, fé e determinação impõem-se urgentemente na reorganização do lar. São momentos difíceis, cruciais e dolorosos. As lágrimas ainda serão muitas até que tudo se equilibre. De cabeça erguida é preciso reagir. Tristeza e desânimos superados, a vida volta a sorrir. A luz reaparece e o coração se acalenta. Os filhos precisam muito do pai ou da mãe que ficou. Viver é um imperativo do amor. Cônjuge e filhos precisam atendê-lo.

Os meses vão passando e os anos se sucedendo. A vida segue seu curso. Se a dor da saudade se desfaz, o vazio da ausência persiste. Preenchê-lo: como e com quê?

Alguns investem em novo amor e se dão bem. Outros há que ficam sós, pelo resto da vida. Seja como for, *seu primeiro compromisso é consigo mesmo*, o compromisso de *ser feliz*. Se isso significar um novo casamento, muito bem! Se permanecer sozinho for a mais acertada das soluções, ótimo!

Siga seu coração e ele lhe dirá o melhor caminho, contanto que você possa realizar-se e ser feliz.

Esse é o grande objetivo da vida: cumpra-o da melhor maneira.[1]

---

[1] Se ainda precisar de conforto, complemente essas reflexões com o livro de minha autoria *Ele enxugará suas lágrimas* (31. ed. São Paulo: Paulinas, 2006).

*Busque o Senhor Jesus
com todas as forças de seu coração
e ele fará renascer a vontade de viver
e a esperança de dias mais felizes.*

16. Cuidado!
A depressão pode chegar

Uma das consequências que sucessivos desgostos, frustrações ou perdas ao longo da vida podem trazer é a depressão que sorrateiramente se instala. Ela vem, às vezes, como vento fraco, ao qual não se dá importância. Outras vezes é um furacão, que assola e derruba de uma vez. A pessoa prostra-se em angústia para desespero do cônjuge e dos filhos.

É difícil enfrentar esse momento. Sem fé, é quase impossível reerguer-se.

É preciso ficar atento: tristeza demais é obviamente prejudicial.

Entregar-se à dor, ao desânimo, à falta de vontade, assumindo papel de vítima impotente diante das fatalidades inevitáveis da vida nada resolve.

Há que se resistir à tentação de desistir de lutar, de enfrentar e resolver os problemas, sejam materiais ou familiares, sejam físicos ou psicológicos.

Tudo precisa ser analisado, pensado e solucionado com paciência e justiça, para que o amor prevaleça. É nessa delicada hora que se prova a maturidade do relacionamento e o bom senso dos familiares. Nada pode jamais suplantar o amor, a união e o bem-querer. É a hora do desafio.

Que o coração fale mais alto! É hora de cuidar de si.

A depressão traz consequências funestas em relação à saúde:

- sabe-se que muitos casos de câncer se manifestam até meio ano após a morte de um ente querido;

- pensamentos constantes e recorrentes de tristeza, saudades acalantadas pelas dificuldades diárias, falta de ocupação com trabalhos gratificantes e realizadores levam à instalação de doenças comprometedoras e às vezes fatais.

Fortalecer-se com a presença de amigos, de grupos de apoio e o tratamento psicoterápico aliado à medicina são cuidados que jamais devem ser esquecidos.

A ideia de autossuficiência é um mal que sempre atrapalha. Somos incompletos, exatamente para precisarmos dos outros. Jamais negue esse direito de complementaridade, próprio do ser humano.

Procure ajuda, sempre que necessário. Cuidado com a depressão!

Ela é péssima companhia para quem quer viver saudável. Evitá-la ou curar-se dela é indispensável para sua autorrealização e bem-estar.

A vida continua. Lembre-se disso e viva.

Sua fé lhe dará as forças necessárias.

Vá em frente!

17. Alimentação:
cuidados especiais

Mais do que nunca, na maturidade é importante cuidar para que uma boa alimentação, bem *balanceada*, componha sua dieta diária. Todos os dias o corpo necessita receber quantias suficientes de calorias, divididas em proteínas, vitaminas, sais minerais e carboidratos necessários à manutenção de sua saúde.

Você não precisa conhecer cientificamente os nomes relacionados especificamente a cada tipo de alimento. Basta tomar alguns cuidados básicos e prestar atenção.

- O *desjejum* – nosso café da manhã – sempre que possível é bom ser composto de chá e/ou leite semidesnatado, pão integral, cereais ou frutas, especialmente banana e mamão.

- Nosso abençoado "arroz com feijão" deve integrar sua mesa do *almoço*. Esse prato, tão típico da culinária brasileira, tem os principais elementos para uma boa alimentação. Um bife acebolado (cebola faz bem ao coração), um dente de alho na abundante salada, muitos legumes, azeite de oliva... e bom proveito!

- No *jantar*, à noite – não tarde demais –, comida leve, de fácil digestão para que seu descanso noturno não seja perturbado.

- Alimente-se bem, *com calma e serenidade*. "Alimentar-se" é diferente de "comer". É *mastigar bem*, degustando o sabor da comida, sem pressa nem tensões desnecessárias. É *ingerir alimentos nutritivos*, e não apenas que saciam a vontade.

- Dependendo de seus hábitos culturais, uma taça de vinho tinto seco vai bem na hora do almoço. De maneira geral, *dispense os líquidos*, especialmente cerveja e refrigerantes, que atrapalham sua digestão e podem até se tornar nocivos.

- Você sabe tão bem quanto eu que as carnes vermelhas ou gordurosas, sal em excesso e carboidratos em demasia prejudicam a saúde. Doces e chocolates também merecem sua vigilância para viver feliz e saudável por longos anos. *Fique atento* ao nível de seu colesterol, à sua pressão arterial, ao funcionamento dos intestinos, à glicose no sangue.

O melhor remédio para qualquer doença é seguir um modo correto de alimentar-se. Uma refeição bem balanceada tem todos os nutrientes que o corpo precisa, contanto que você incorpore um número razoável de ingredientes essenciais.

Lembre-se que *um prato saudável é um prato colorido*, diversificado e bonito, que ao simples olhar lhe abre o apetite.

Agradeça a Deus pelo pão de cada dia e saboreie com calma suas refeições.

Você merece um café da manhã, um almoço e um jantar gostosos e nutritivos.

Bom apetite!

18. A importância do sono

*E*xercícios regulares – condizentes com a idade – *alimentação adequada* e um *sono reparador* são três pilares que mantêm sua saúde inabalável.

Dormir bem e o suficiente é indispensável para viver feliz e bem-humorado. Um mínimo de 6 a 8 horas diárias de sono, mesmo que se descanse meia hora após o almoço, para ficar renovado à tarde.

Ir para a cama tão cedo quanto possível – pelo menos entre 22 e 23 horas – é o outro ponto que estudiosos do sono recomendam. Antes de meia-noite o sono é fundamental para a revitalização das células e o descanso mais reparador do corpo. Mesmo que você seja de tipo mais "notívago", acostume-se, pouco a pouco, a dormir mais cedo.

Um sono tranquilo requer *mente limpa e serena*, o que nem sempre é tão fácil. Muitas vezes a insônia se deve a preocupações exageradas, conflitos não resolvidos, mágoas não perdoadas, estresse em excesso, estado depressivo, ansiedade descontrolada ou simplesmente algum pensamento negativo e recorrente que teima em não ir embora e, mesmo quando vai, volta sempre de novo, perturbando a paz de espírito e atrapalhando o sono.

Ninguém consegue dormir tranquilo com problemas a resolver. E como normalmente eles existem, o único segredo é aprender a se desligar deles.

Procure acalmar seus pensamentos: essa é a primeira providência a ser tomada. Supõe-se aqui não ter havido, à noite, alimentação excessiva, muito menos consumo de bebidas alcoólicas. Seu corpo estará tranquilo, dentro da normalidade possível.

Se houver alguma doença ou dores físicas, outras providências precisam ser tomadas.

Quando estiver pronto para dormir, como parte de um casal harmonioso, deseje "boa noite, durma bem" à pessoa amada depois de terem feito alguma prece em comum. Então, no silêncio do seu coração, conecte-se com Deus. Coloque nas mãos dele o seu descanso. Respire calma e profundamente, relaxando seu corpo todo e induzindo-o ao sono.

A mente precisa de paz. Com a proteção dos anjos, permita-se dormir.

E bons sonhos! Nada de pesadelos.

Pesadelos seguidos – noite após noite – são sinal de corpo e mente agitados e problemáticos. Comida de difícil digestão e em demasia, filmes de terror, inconsciente traumatizado ou cheio de medos... Tudo pode contribuir para eventuais ou repetidos pesadelos. Cuide bem de seu corpo e de sua mente: há situações que você pode evitar. Outras, precisam de terapia. Trate-se e durma feliz.

Vai aqui uma sugestão da *radiestesia* – ciência que, entre outros fenômenos, estuda as vibrações que brotam do solo: evite dormir onde se cruzam veios d'água. Deixe sua cama afastada deles e, sempre que possível, durma com a cabeça voltada para o Norte. Isso alinhará você com o circuito da energia terrestre e você dormirá melhor.

Mesmo que a disposição do seu quarto não permita as mudanças sugeridas, mantenha-o o mais ordenado e aconchegante possível... e durma bem!

19. Alimente seu espírito

Falei há pouco dos três pilares que ajudam a sustentar o edifício de sua vida: exercícios regulares, correta alimentação e bom sono. Acrescentemos a eles um outro pilar extremamente importante: *o alimento do espírito*. Nele incluímos a mente, que é a expressão, a manifestação energética de espírito que somos.

Você *é* um espírito e *tem* um corpo. Sua alma recebeu de Deus um veículo de comunicação física, através do qual ela se expressa. Sua mente, conectada ao cérebro, dirige e impulsiona por meio dele sua vida corporal, manifestando-se como homem ou mulher.

Somos seres espirituais em expressões humanas. Nosso espírito e nossa mente precisam de cuidados especiais. E tem gente que esquece, quase por completo, que tais cuidados são vitais para sua realização como ser humano.

- *Religue seu espírito com Deus.* A "religião" é exatamente isso: um modo de você *religar-se* com o Criador, visto que o pecado nos "desliga" do contato com Deus. Sua fé lhe dirá quais orações você deve fazer, manifestando seu louvor, sua gratidão ou fazendo súplicas, como filho grato e/ou necessitado da ajuda do Pai. Em silêncio, medite, permanecendo na presença amorosa de Deus, apenas adorando. Você também pode rezar a dois, como casal, em família ou em comunidade, sabendo que esse é o jeito tradicional de expressar sua fé: "Pois onde dois ou três estiverem reunidos em meu nome, eu estou ali, no meio deles" (Mt 18,20).

- *Alimente sua mente*, sedenta por aprender, com pensamentos novos e positivos. Ouça CDs ou assista a DVDs instrutivos, leia revistas especializadas e bons livros, de autoajuda ou de reflexões espirituais. Participe de encontros de estudo, palestras, círculos bíblicos – tudo que estimule a mente é útil e até mesmo indispensável.

- Uma vida equilibrada, saudável e feliz requer um conjunto de *atitudes a serem tomadas*: são cuidados especiais que você precisa incrementar e requerem *disciplina, vontade e determinação* – ingredientes que só você pode fazer germinar em seu coração.

Uma coisa é certa: vale a pena!

Experimente!

20. Sabedoria de vida: lições da experiência

Quando somos jovens podemos ter muita inteligência e ousadia.

Quando atingimos a maturidade, adquirimos o que nos falta na juventude: *experiência*. Ela só vem com os anos, com o passar do tempo, aprendendo com nossas derrotas e celebrando nossas vitórias.

A experiência nos ensina a fazer as necessárias comparações, a tirar conclusões mais precisas, a guardar as lições aprendidas, acumulando assim tesouros preciosos de orientação. É como uma bússola a indicar-nos o norte da vida.

Além de experientes, há idosos extremamente sábios. E você pode ser um deles.

Sabedoria é mais que experiência. É o aprendizado da vida, o aprendizado da experiência. São as *lições* que você extrai da vivência dos fatos, do que sentiu em relação a eles, das interpretações que você lhes deu, acertadas ou não. Tudo é motivo para aprender. Uma derrota pode ensinar-nos mais que uma vitória. Basta que interpretemos corretamente os fatos e estejamos dispostos a evoluir.

A sabedoria do coração abre você aos mistérios da vida. Você pode até não entender certas coisas, mas *aceita*, porque sua fé não exige explicações. Elas satisfazem a razão, não a fé. Sábio é quem acolhe e pratica a entrega ao transcendente. A bondade nos torna compreensivos com nós mesmos e com os outros, fazendo-nos viver na alegria e na paz de espírito.

O inteligente *sabe*. O sábio *faz*.

Sábio é quem aprende sempre, tanto com os leigos quanto com os mestres. É quem aprende com a vida, quem diariamente se ilumina. Quem se extasia tanto com o olhar inocente da criança como com o pôr do sol que embeleza o firmamento. Da formiga incansável à cigarra cantadeira, tudo na natureza tem algo a ensinar.

Minha amiga e meu amigo: tornemo-nos sábios!

O sábio é um eterno aprendiz: está permanentemente matriculado na escola de Deus. Assim, é mais fácil e agradável viver, com a paciência e o amor indispensáveis para os dias avançados. Sejamos compreensivos e meigos, idosos queridos e amados por todos.

Podemos, então, simplesmente viver plenamente.

O tempo se encarregará de "idolescer-nos".

Velhos, não! Idosos, sim!

Idosos cheios de vida, pois ela é eterna.

Assim, com certeza, no dia em que partirmos deixaremos saudades, pois terá valido a pena viver.

E muito!

Sumário

Introdução 5

1. Terceira idade: quando, afinal, inicia? 7

2. Envelhecer ou "idolescer"? 9

3. Juventude de espírito: eis o segredo! 13

4. Os sonhos precisam continuar 15

5. Administrando o tempo 17

6. Encontros que nos renovam 19

7. Autoestima: vivendo de cabeça erguida 21

8. Bom humor e esportividade 23

9. Saúde, lazer e paz de espírito 27

10. Corpo cansado, mente leve 29

11. Doenças: desafios a serem superados 31

12. Amor e sexo na terceira idade 33

13. A síndrome do ninho vazio 35

14. Crises matrimoniais ou separação 37

15. E quando a pessoa amada parte? 39

16. Cuidado! A depressão pode chegar................................43

17. Alimentação: cuidados especiais............................45

18. A importância do sono 47

19. Alimente seu espírito 49

20. Sabedoria de vida: lições da experiência 51

Rua Dona Inácia Uchoa, 62
04110-020 – São Paulo – SP (Brasil)
Tel.: (11) 2125-3500
paulinas.com.br – editora@paulinas.com.br
Telemarketing e SAC: 0800-7010081